ふるさと再発見の旅 北海道

清永安雄 撮影

産業編集センター

ふるさと再発見の旅　北海道

ふるさと再発見の旅　北海道　目次

道南・道央

道北・道東

道南・道央

美唄
濃昼
祝津
寿都
狸小路商店街
小林酒造
札幌市
蟹喰処蟹工船
有島武郎旧邸
新冠
ともえ大橋
あまの商店
函館元町末広町
鹿部

鹿部《しかべ》（茅部郡鹿部町）

九千年前からの漁場、現在は国内最高級の昆布の産地

渡島《おしま》半島南東部にある鹿部は、約九千年前の縄文時代から、さまざまな魚介類を獲ってきた歴史ある漁場である。また活火山駒ヶ岳の麓にあるこの地域は、有史以来何度も繰り返されてきた噴火によって流紋岩や花崗岩が多く形成され、豊富なミネラルが噴火湾に流れ込むことで、良質な昆布が育つ環境にあった。十四世紀頃から、この昆布を獲って交易するアイヌがいたという記録が残っている。

一六一五年、大間の司馬宇兵衛という漁業者が優良な昆布を求めてここに移住し、道内屈指の昆布産地を築き上げた。こうして鹿部の町が生まれたといわれている。以後、鹿部は真昆布の産地として全国的に知られるようになる。特に世界中でここでしか獲れず、しかも年に数回しか採取できない貴重な天然の白口浜《しろくちはま》真昆布（切り口が白いのでこう呼ばれる）は、だし汁の清澄さや味の上品さから最高級の昆布といわれている。

昆布漁は毎年七月初めから九月中旬頃まで行われる。日の出とともに二人か三人乗

りの小さな船で出漁し、沖合に出て長さ二〜十メートルの「柴ねじり竿」（通称まっか）を使って海中から昆布を刈り取る。水揚げされた昆布は船から下ろし、家族総出で海岸に小石を敷き詰めた「干場」で一本一本ていねいに干し、夕方には倉庫に取り込む。だから天気が非常に重要で、昆布が一日でパリッと干し上がるような晴天の日にしか昆布漁はできない。これに対し、養殖昆布は陸上の施設で種苗を培養し、その後沖に出して一年から二年、海中で養殖する。そしてこの期間中に間引き、株分け、水深調整などを行うので、昆布の傷みが少なく、葉の大きさも揃ってくる。水揚げ後は倉庫内で機械で乾燥することが多く、気候にも左右されにくい。コストも抑えられるとあって最近では養殖昆布の生産量が天然を上回っているそうだ。

　鹿部には、昆布漁以外にもいくつか見るべきものがあるのだが、その一つが「道の駅しかべ間歇泉公園」で見られる、国内でも珍しい天然の「間歇泉《かんけつせん》」である。間歇泉とは、周期的に地面から噴き出す温泉のことで、鹿部の間歇泉は十〜十五分間隔で湯温百三度の温泉が十五メートル以上の高さまで噴き上がる。自然の力だけでものすごい勢いで噴き出す熱湯を目のあたりにすると、地球が生きていることを実感する。

　ついでに鹿部にあるユニークな歴史話をひとつ。約三百年前、松前藩は幕府の恩借米の代わりに優良な鷹を一羽三十五両として献上したが、鹿部は昔から野生の鷹が多く、これに大いに貢献した。このことから鹿部は当時「鷹待」という名で呼ばれ、現在の函館本線の鹿部駅は「鷹待駅」という駅名だったこともあるそうだ。

噴火湾に面した鹿部漁港。好漁場に恵まれ、
すけとうだら、ホタテ、昆布などが獲れる

号

水揚げした養殖昆布はまず洗浄する

洗った昆布を選別する

昆布を吊して機械で乾燥する

昆布を折りたたんで束ね、さらに乾燥する

「道の駅　しかべ間歇泉公園」にある間歇泉。103度の天然温泉が15mの高さまで噴き上がる

道の駅 しかべ間歇泉公園
住所：茅部郡鹿部町字鹿部18-1
電話：01372-7-5655
営業時間：9:00～17:00（3/20～11月）、10:00～15:00（12月～3/19の月～木）、10:00～17:00（12月～3/19の金～日・祝）
定休：1/1～3/19の水曜日
料金：大人300円、子供200円（足湯の利用料含む）

昭和40年代から始まった真昆布の養殖。養殖昆布は葉が大きく味も天然に負けない美味しさで、何よりリーズナブルなのが強みだ

名画名作の舞台を訪ねて

『きみの鳥はうたえる』（函館市）

小説 佐藤泰志 著（一九八二年）
映画 三宅唱 監督（二〇一八年）

若手実力派俳優三人による切ない青春物語

函館郊外の本屋で働く主人公「僕」は、失業中の親友・静雄とアパートで共同生活していた。やがて僕は、同じ本屋で働く佐知子と恋仲になる。佐知子は店長の島田とも関係があるらしいが、その日から毎晩、「僕」のアパートに遊びに来るようになり、三人の気ままな生活が始まった。三人は毎日、夜通し酒を飲み、踊り、語り合う。だが、お互いを束縛せず、危ういバランスを保ちながら成り立っている三人の関係は、当然、いつまでもそのままではいられなかった。佐知子の心は二人の男性の間で揺れ動くようになり、次第にお互いのバランスは崩れていく。

「僕」を演じているのはカメレオン俳優の柄本佑、親

ともえ大橋。函館港のベイエリアを縦断する全長1924メートルの橋。橋の上からは函館湾や青函連絡船記念館摩周丸などが一望できる。映画では「僕」と佐知子が立ち話をする場面で使われている。

友の静雄を染谷将太、ヒロインの佐知子を石橋静河が、瑞々しく透明感あふれる演技で魅了する。著者の佐藤泰志は函館生まれ。原作の舞台は東京だが、映画では骨格はそのままに舞台を函館に移し、現代の物語として描いている。函館市民映画館シネマアイリスの開館二十周年を記念し、オール函館ロケで撮影された。

　それぞれの長い人生のほんのひとときの出来事、だが、光り輝くかけがえのない青春のきらめきを描いた作品である。

箱館元町珈琲店。元町の八幡坂の途中にあるコーヒー専門店。「僕」と佐知子がコーヒーを飲みながら会話するシーンで使われている。映画のポスターもここで撮影されたらしい。

PIER H TABLE　二人が話す場面を大きな窓越しに撮影した、ホテル内の喫茶店。閉店し、現在はレストランになっている。

わが町自慢の

市場食堂

あまの商店

（函館市若松町9-22 函館朝市ひろば）

日本有数の朝市の中でもキラリと光る食堂

営業時間

7:00～

食の街、函館の海産物を存分に楽しめるスポットとして、観光客や市民からも愛される函館朝市。その歴史は、戦後の食糧難の時代に自然発生的に生まれた市にまで遡るという。以来、観光客の増加とともに、市場の規模も大きくなっていった。函館駅から徒歩すぐの場所にあるのも魅力だ。現在は、駅二市場、どんぶり横丁市場、朝市ひろばなどのいくつかのエリアに分かれていて、それぞれが催しやアクティビティを企画し鎬を削っている。

市場で購入したものを食べることができる朝市ひろば。そのフードコートにある「あまの商店」は、地元で人気の居酒屋が出店した食堂。一番人気の「海鮮宝石丼」は豪華な海産物を贅沢に使ったまさに宝石のような一品だ。

重要伝統的建造物群保存地区

函館市元町末広町（港町）

平成元年4月21日選定

函館山山麓から港へ向かう斜面に位置する元町末広町は、北海道唯一の重伝建だ。函館港は長崎に次いで開港した国内で最も古い貿易港のひとつで、早くから諸外国の文化が流入した。そのため、領事館、教会、赤レンガ建物などの西洋建築や、独特の和洋折衷様式の建物が数多く建てられた。それが今でも当時のままの姿を残している。

歩いているだけで明治や大正時代の雰囲気が味わえるノスタルジックな街並みが魅力だ。高台にそびえる旧函館区公会堂や函館ハリストス正教会の周辺には歴史的な建物が集まっている。また、坂の上からエリア一帯を見下ろす景観や、函館山の夜景は日本有数の観光スポットとして根強い人気を誇っている。

寿都《すっつ》（寿都郡寿都町磯谷《いそや》、歌棄《うたすつ》、寿都《すっつ》）

遠い昔、ニシン漁と北前船で栄華を極めた港町

寿都というのもまた珍しい地名だが、アイヌ語で「茅が多い川」という意味の「シュプキペツ」に由来するという。古代から人が暮らしていた形跡があり、寿都湾に流れ込む朱太川《しゅぶとがわ》の周辺で縄文時代の土器などが見つかったり、アイヌ民族のさまざまな遺跡も発見されている。

寿都という町が始まったのは江戸時代初期。関ヶ原の合戦が行われた一六〇〇年頃から和人が集落を作り始め、海で獲れるニシンやサケ、アワビやナマコなどの海産物を、アイヌが求める日用品や酒などと交易する大型の「商場」として発展した。ニシン漁で有名な町として寿都という名はあまり知られていないが、天保年間には空前のニシンブームに沸き、明治三十六年には積丹、小樽に次いで三番目の最大漁獲高を記録している。明治から大正初めにかけて、寿都では毎年約三万トンものニシンを捕り続けた。町はどんどん豊かになり、ニシン長者たちは海沿いに次々に豪勢なニシン御

殿を建てた。町の人口は最盛期には二万人を超えたという。

しかし大正の初め、寿都はニシン漁始まって以来の大不漁に見舞われる。そしてその後も毎年不振が続き、やがてニシンの姿は完全に見られなくなった。

現在の寿都には、華やかだった往時の面影はほとんど見られない。海と山の間の狭い平地に形成された小さな半農半漁の町。ここが昔、何隻もの北前船を所有したニシン長者たちの屋敷が建ち並び、全国から買い付けの商人が殺到した町とは想像もつかない。だが、海沿いの国道二二九号線に沿って、「旧歌棄佐藤家漁場」「旧鰊御殿・橋本家」など、ポツポツといくつかの建物が残り、それらが唯一、往時の姿を偲ばせている。

今も漁業の町としての寿都らしさが見られるのは、やはり寿都漁港だろう。ニシン漁は終わったが、寿都の漁業は決して終わってはいなかった。北前船が通った当時とはもちろん比べるべくもないが、今も百人以上の漁業者が沿岸漁業に取り組んでホッケやアイナメ、ソイ、ホタテなどを獲り、また近年寿都の目玉商品となっている「寿かき」の養殖にも力を入れている。

さらにもう一つ、今注目されているのが「風車」である。寿都は昔から「風の町」として知られ、春から秋にかけて「だし風」と呼ばれる局地的な強風が吹く。これを有効活用し、全国で初めて風力発電を導入した。強風をクリーンエネルギーに変える町づくり。弱みを強みに変える寿都の新しい挑戦を、陰ながら応援したい。

寿都漁港。春は寿かき・小女子・サクラマス、夏はウニ、秋はホッケ・鮭、冬はタラ・アンコウなどが獲れる

寿都の町並み

漁場建築・佐藤家。松前からこの地へ移住し、漁師を取りまとめる場所請負人として財を成した佐藤家の住宅（旧ニシン番屋）。明治23年の建築で和洋折衷の外観が特徴

旧橋本家住宅(旧ニシン番屋)。釘を一本も使わず14年の歳月をかけて建てられた。橋本家は地元の漁師を支える廻船問屋で、北前船で北海道と本州を行き来していた。現在は「そば処昌の屋」として営業中

橋本家の前にある恵比寿神社。橋本家が祀っていたもので、漁師の網にかかった恵比寿様の形をした石を御神体にしたと伝えられる。鳥居の向こうに風力発電所が見える

鰊御殿

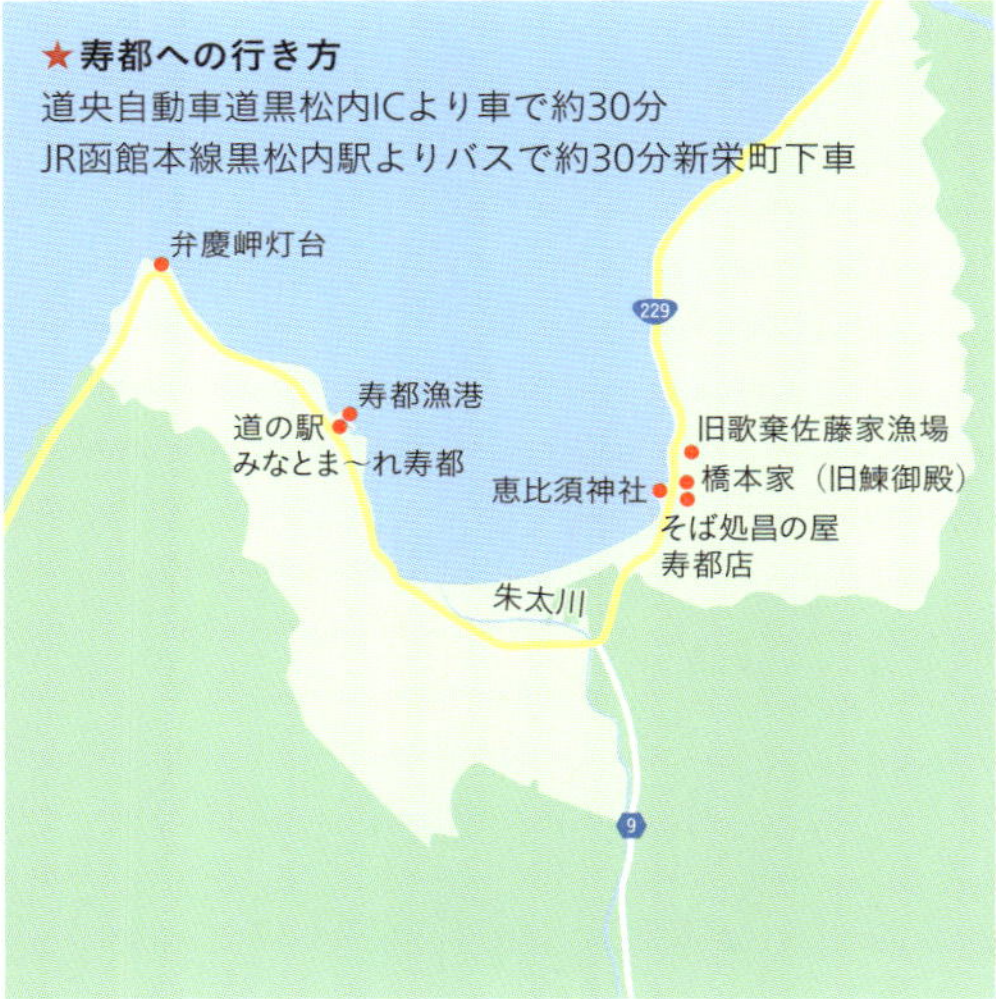

道路をキツネがゆっくり歩いていた

道の駅　みなとま〜れ寿都
住所：寿都郡寿都町字大磯町29-1
電話：0136-62-2550
営業時間：9:00〜18:00（4月〜9月）、9:00〜17:00（10月〜3月）
定休：無休（4月〜9月）、第1・第3月曜日〔月曜日が祝日の場合は翌日（10月〜3月）〕、年末年始
料金：無料

祝津《しゅくつ》（小樽市祝津）

ニシン漁で巨万の富を築いた網元たちの夢のあと

祝津はニシン漁で栄えた町である。

ニシン漁が本格的に始まったのは江戸時代。記録によれば慶長六（一六〇一）年、爾志郡突符村《にしぐんとっぷむら》で始まり、慶長十九年に松前の八木八右衛門が小樽に来てニシン漁を始めたといわれている。ニシン漁の最盛期の水揚げ量は凄まじく、榎本守恵は『北海道の歴史』の中で、「鰊は春告魚ともよばれるように、春先大量に群来て、その二、三カ月の漁が〝一起し千両〟といわれ、漁師は鰊漁だけで一年間生活できた。まさに蝦夷地の春は鰊漁からはじまったのである」と書いている。

一起こし千両とは、網を一回曳けば千両儲かる、という意味で、当時の千両は今で言えば約一億円。小樽と大阪を結ぶ北前船は一航海で千両の利益を上げげたと言われるが、そのうちの九百両は小樽から大阪へ運ぶニシンが生む利益だった。北海道のニシンは、大釜で茹でて魚油を搾り、残りは乾燥させてニシン粕にした。ニシン粕は農産

物の肥料として使われ、魚油は繊維産業などを支える重要な役割を担っていて、なんと仕入れ値の五倍から十倍という高値で売れたという。つまり北前船の利益は、ニシンから生まれたものだったのだ。

だが、明治の初めをピークとして北前船の本数は徐々に減り、さらに大正になってからは急激にニシンの漁獲量も激減、昭和三十年を最後に、祝津では全くニシンが獲れなくなった。北海道に巨万の富をもたらしたニシン漁は、こうして約三百五十年にわたる歴史に幕を下ろした。北海道でニシンが獲れなくなった原因としては、海流の変化、海水温の上昇、乱獲など諸説あるが、いまだに解明はされていないようだ。

かつて祝津の町中には、網元たちの贅を尽くしたニシン御殿が次々に建てられ、沿岸には廻船問屋の蔵や番屋が建ち並んでいた。当時、東北方面から出稼ぎに来ていた季節労働者たちは「ヤン衆」と呼ばれていたが、彼らが暮らし、作業していた家が番屋である。大きな番屋になると、一軒に百二十人ものヤン衆が寝泊まりしていたという。

祝津には今でもたくさんの番屋や石蔵・土蔵が残り、また網元たちが富を競った立派なニシン御殿もいくつか残っている。北海道の中でも、ニシン漁全盛期の華やかな歴史を色濃く残す、貴重な町並みである。

小樽市鰊御殿（旧田中家住宅）。明治30年に西積丹の泊村に建てられ、昭和33年、祝津に移築復元された

明治10年代に建てられた旧白鳥家番屋。主人と漁夫の住居部分が大屋根で一体になっている

明治期に漁夫の住居として建てられた茨木家中出張番屋

鰊御殿の登り口に建つ旧近江家番屋。祝津で一番古い番屋の形といわれている

高台に立つ祝津のシンボル小樽市鰊御殿。左側に見える白と赤の建物は日和山灯台。昭和32年に映画になった『喜びも悲しみも幾年月』のラストシーンで使われた灯台としても有名

明治・大正を通じ、ニシン漁で巨万の富を築いた青山家の別荘。約1500坪の敷地に建坪190坪、部屋数は18室ある

おすすめランチ

●華遊膳

海鮮の美味しいお店が多い小樽でもひときわ評判の高い季節料理の店、に志づ可。小樽駅からは少し離れているが、隠れ家的お店として知られている。予約なしで食べられる華遊膳は、握り、天ぷら、茶碗蒸しなどお店の味をひとつにまとめた食べ応えのある御膳だ。

「鮨と季節料理　に志づ可」
小樽市高島4-9-14

小樽貴賓館
住所：小樽市祝津3-63
電話：0134-24-0024
営業時間：9:00〜17:00（4月〜10月）、9:00〜16:00（11月〜3月）、9:00〜15:00（12/29-12/31）
定休：1/1〜1/7
料金：大人1,300円、子供650円、団体割引（10名以上）1,170円（前日12時までに要予約）

★祝津への行き方
札樽自動車道小樽ICより車で約20分
JR函館本線小樽駅よりバスで約20分祝津下車

ノスタルジック
商店街

狸小路商店街（札幌市）
百五十年以上の歴史を誇る北海道のにぎわいの中心地

すすきの駅や大通駅からほど近い、札幌の中心部に位置する札幌狸小路商店街。商店街のほとんどがアーケードとなっていて、足元が滑りやすくなる北海道の冬でも安心して買い物が楽しめる。歴史は明治時代にまで遡り、いつの時代も札幌市民、そして道内外の人々や物資が行き交う場所としてにぎわってきた。

　狸小路の由来について確かなことはわかっていないが、言葉巧みに客引きをする様子が人を化かす狸に喩えられたとも、実際に狸が多く生息していたからともいわれている。

　現在はファッション、飲食、アートギャラリーなど約二百店もの多様なお店が軒を連ねていて、昔と変わらぬにぎわいを見せている。

わが町自慢の
市場食堂

蟹喰い処 蟹工船

二条市場の向かいにある、かに料理専門店

（札幌市中央区南2条1-1-4）

札幌市の中心部から徒歩圏内にある二条市場は、明治初期、石狩浜の漁師がはじめたといわれている歴史ある市場だ。北海道各地から届く新鮮な魚介や農作物を豊富に扱っていて、市民の台所として、また国内外から訪れる旅行者の観光スポットとして人気だ。特にかに、鮭、イクラ、ホタテなど、北海道に行ったら味わいたい海の味覚が全て揃っている。

二条市場の向かいにある蟹工船は、かに販売の専門企業が直営するかに料理専門店。「かに丼」「豪快かに丼」「かにイクラ丼」「生たらば刺身丼」など、多彩なメニューが魅力だ。

営業時間 8:00〜16:30
定休日 1月1日、2日

新《にい》冠《かっぷ》（新冠郡新冠町）

八キロにわたり馬の放牧が見られる「サラブレッド銀座」

競馬は今、世界六十カ国以上で行われていて、どこの国でも走っているのはほとんどがサラブレッドといわれる馬である。この言葉、昨今では馬だけでなく人間、特に政財界の二世などにも使われるが、果たしてサラブレッドとは、どのような馬のことを言うのか。調べてみると、時は十八世紀の初め頃、競馬発祥の地イギリスで、イギリス在来種の牝馬にアラブ種の馬を交配した品種を競走馬として改良し、育てたのが始まりだそうである。サラブレッドという言葉は「純血」「完全に育て上げられた」といった意味で、加えて「連続して八代にわたりサラブレッドが交配された馬」が正式にサラブレッドと呼ばれるらしい。まさに濁りのない純血種なのである。

その特徴は、体高は百六十センチくらいで体重は四百～五百キロ、頭が小さくスマートで美しい体形であること。毛の色は鹿毛か栗毛、黒鹿毛など。さらに時速六十～七十キロで数分間走り続けられ、二千メートルを約二分で走ることができる。ともかく、ひたすら走るために改良され、育成された品種なのだ。ただしその分、持久力はあまりなく、性格は繊細で体も頑丈ではない、という弱みも併せ持っているといわれる。

さて、そんな彼らの日本におけるふるさとは、北海道である。日本のサラブレッドの生産頭数は年間約七千五百頭といわれているが、そのうちの八十%が北海道の日高産なのだ。そしてその日高地方の中でも「サラブレッドの町」として有名なのが、ここ新冠町。日本に競馬ブームを巻き起こした立役者といわれるハイセイコーをはじめ、トウカイテイオー、ナリタブライアンなど、歴史に残る数多くの名馬を生んできた。

新冠町と馬との出会いは明治の初め。北海道開拓使長官の黒田清隆が設置した新冠牧馬場がのちに宮内省の御料牧場となり、本格的な馬の生産が始まった。当初は軍用馬や農耕馬が中心だったが、のちにサラブレッドの生産が始まり、戦後、御料牧場が解放されてからは、馬産専業農家も増え、やがて競走馬の一大生産地として全国に知られるようになった。

新冠は今も馬一色の町で、町を東西に走る道道二〇九号線の約八キロの道は「新冠サラブレッド銀座」と呼ばれ、道の両側にある牧場で放牧されている馬たちを見渡すことができる。初夏には、母馬と春に生まれた仔馬が一緒に草を喰むほのぼのとした光景が見られ、一年を通じて将来の名馬たちが広い牧場を自由に駆け回る勇姿が見られる。馬好きにはたまらない場所だが、特に馬好きでなくても、サラブレッドたちの美しさ、カッコよさには感動を覚えることとウケアイである。

町の入り口に突然現れる、石に描かれた町の看板。「にいかっぷ優駿浪漫街道」とある

仲良しのサラブレッド母子

希少な白毛のサラブレッド

放牧されているサラブレッドたちは一日中ひたすら牧草を食べている。体重500kgの馬なら一日7.5～15キロの餌を食べるという

気持ち良さそうに寝転んでいる馬も

イケメンの若馬

こちらは親子3頭?

★**優駿メモリアルパーク 優駿記念館**
住所：新冠郡新冠町朝日273-6
電話：0146-47-3966
開館時間：11:00～16:00
定休：11月～3月
料金：無料

新冠への行き方
日高自動車道日高厚賀ICより車で約15分

おすすめランチ

●ジンギスカン定食

道の駅の中にある、便利で使い勝手の良い食堂・樹林。とんかつ、カレーから天丼、中華丼、そして北海道名物ジンギスカンや豚丼も取り揃える。味は地元のお墨付きで、ラーメンやカツ丼は専門店を超えると評判だ。

「**樹林**」
新冠町中央町1-4
道の駅サラブレッドロード新冠

栗山町コラム

明治のレンガ蔵十三棟が残る「小林酒造建造物群」

夕張郡の栗山町と夕張川の間の広大な敷地にある小林酒造の建物は、空知地区に残るレンガ造りの施設としては最大規模の歴史的建造物群である。

明治十一年創業の小林酒造は、地酒「北の錦」の酒造会社。「北の錦」という名は、初代小林米三郎が、北海道の地で北海道ならではの酒を造り、地元に錦を飾ろうという意気込みを表したものだそうである。

建物はほとんど当時のまま残っており、現在も酒造施設として稼働している。建物の特徴は、造り酒屋としては極めて珍しい西洋建築を取り入れたレンガ蔵と、札幌軟石を使用した石蔵の美しさ。一万坪の敷地に十七棟の蔵が点在し、築百年以上の蔵としては全国でも最大規模を誇る。

また平成二十六年からは、敷地内にある北海道でも最大級の古民家といわれる蔵元

の生家を、喫茶「小林家」としてオープンし甘酒などを提供。有料で小林邸の内部を見せてもらうこともできる。

日本酒の販売所から酒蔵の中まで続いている運搬用のレール

北の錦記念館

敷地内にある「小林家」。明治30年、初代の小林社長が建築し、家族で住んでいた家。部屋数が23室もある大邸宅だ

レンガの建物は夏は涼しく冬は適温を保つことができ、外気温の影響を受けにくいので、酒造りに適しているといわれる

空知に残るレンガ造りの施設としては最大規模の歴史的建造物

濃昼《ごきびる》（石狩市浜益区濃昼）

不思議な魅力を持つ、陸の孤島の小漁村集落

濃昼は、旧浜益村（現・石狩市浜益区）の濃昼川の河口に開けた漁業集落である。この村は、昭和四十六年に国道二三一号線が開通するまでは旧石狩町側からの道路はなく、新十津川町方面からの道路しかない陸の孤島だった。その村の海岸部にある濃昼は、長い間孤立した漁村だったわけで、今もどことなくその名残が感じられる集落である。

濃昼と書いて「ごきびる」と読む。語源はアイヌ語で「ポキンピル」（崖の陰）の意味。その名の通り、濃昼に昇る朝日は、巨大な崖に隠れて見えない。二三一号線は隣区の厚田あたりから切り立った断崖絶壁になり、トンネルが続く。いくつものトンネルを抜けたところに、ちょこんと小さな家並みが現れる。濃昼は絶壁と絶壁のすきまの狭い平地にできた集落なのだ。令和二年時点での人口は、世帯数七戸、総数十二名。今はもっと減っているように見える。

そんな陸の孤島だった小漁村だが、江戸時代からニシン漁が盛んだったらしい。今ではほとんどその面影はないが、ニシン番屋もわずかだが残っている。漁港のすぐそばに建っている派手な赤屋根の大きな建物は、かつてニシン漁で富を築いた「旧木村家住宅」。いわゆる和洋折衷の珍しい番屋で、他ではなかなか見られないオシャレな番屋建築だ。

濃昼漁港は大きくはないが、船も漁師さんたちも現役で活気がある。港の前には獲れたての生タコや魚を小売する小さな直売所があり、車で買いに来る客が何組もいた。近くにキャンプ場があり、そこを利用する人たちもよく魚介類を買いに来るようだ。

集落は、端から端までゆっくり歩いてもほんの十分ほど。山側の一番奥に、廃校になった濃昼小学校と中学校の木造校舎があった。明治三十年に開校し、平成四年に閉校、その後民家として使われていたらしいが、今は使われておらず、雑草に覆われていた。とても絵になる建物なので、このまま廃屋になってしまうのはもったいないな、と思いつつ、ぐるりと見渡すと、校舎の右奥にはひっそりと、濃昼神社の鳥居が鎮座していた。

濃昼は、特に見どころがあるわけでもない小さな漁村だが、どこか表現しがたい不思議な魅力のある集落で、その魅力を解明するためにも、機会があればもう一度訪れたいと思っている。

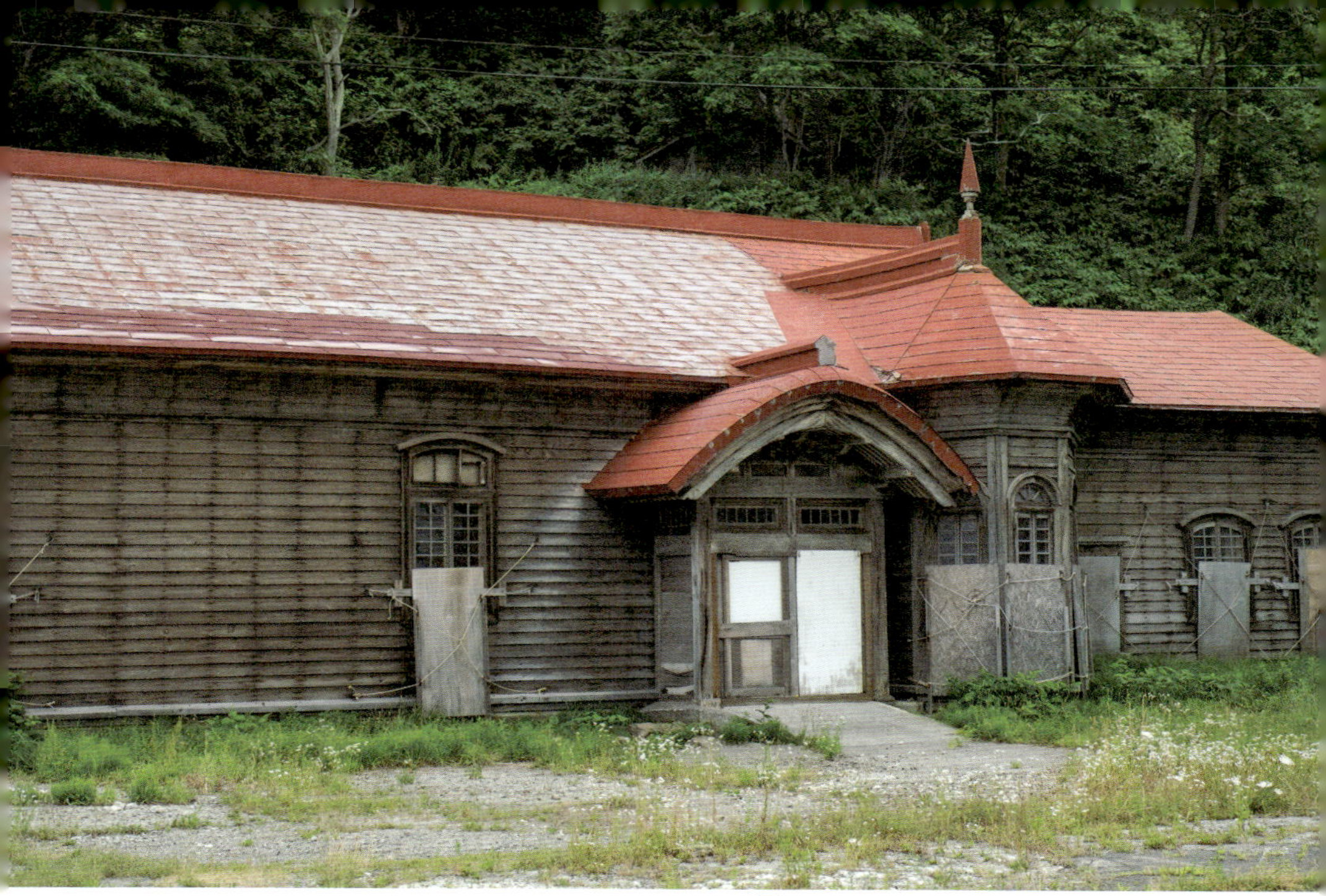

明治33年築のニシン番屋・旧木村家住宅。八角形をした洋風のリビングルームは前方3面にアーチ窓が並んでいる

濃昼川に架かる木造の橋

海に面した家々には防風柵が張り巡らされている

12 Taiseimaru

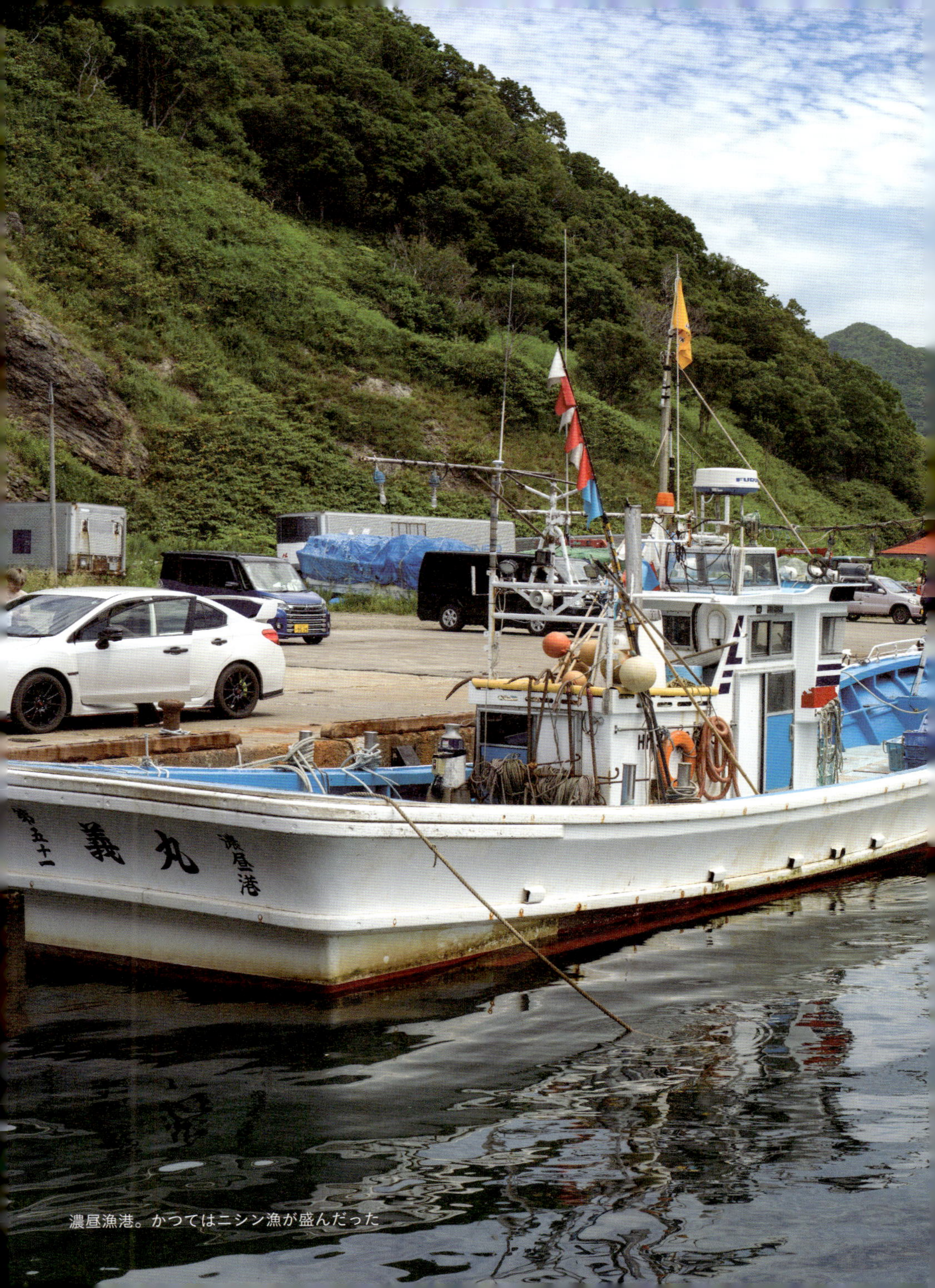

濃昼漁港。かつてはニシン漁が盛んだった

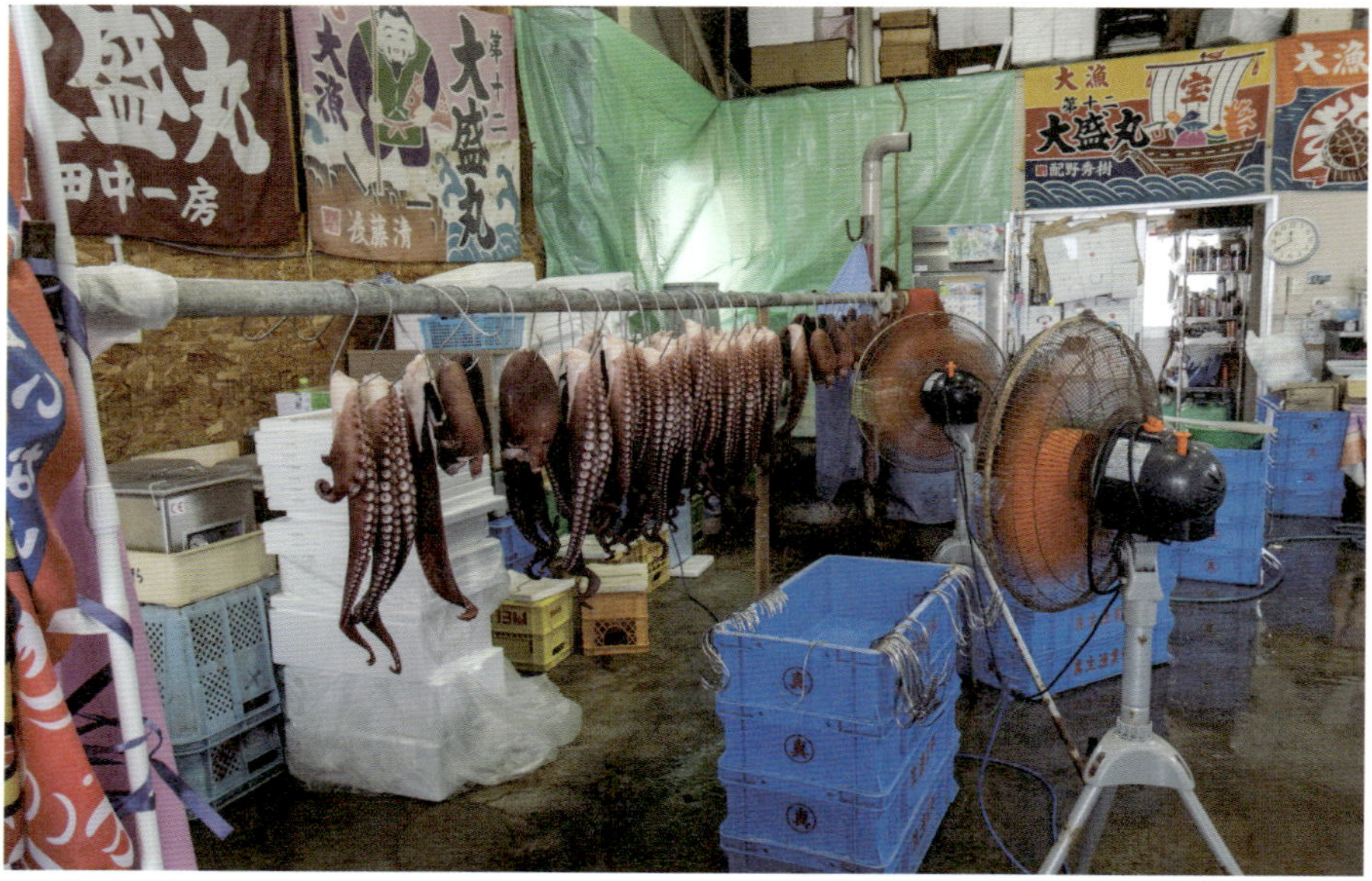

漁港の直売所では獲れたてのタコを干して売っていた

閉校になった濃昼小学校・中学校の木造校舎

★濃昼への行き方
札樽自動車道伏古ICより車で約60分

学校の奥にある濃昼神社の鳥居

著名人の旧宅を訪ねて

有島武郎旧邸

矛盾に満ちた人生に悩み続けた作家が、愛妻のために建てた家

有島武郎は明治十一年東京生まれ。官僚で実業家の父を持ち、裕福で恵まれた環境に育った。明治三十六年から三年間アメリカに留学、その後は弟で画家の有島生馬と共にヨーロッパを遊学。翌年帰国し、母校の東北帝国大学農科大学で英語教師に就く。この年、武者小路実篤や志賀直哉、弟で作家の里見弴らと共に『白樺』同人となり、小説を発表し始める。

大正五年、妻と父を相次いで亡くしたことをきっかけに退職し、本格的な作家活動に入る。『カインの末裔』『小さき者へ』『生まれ出づる悩み』『或る女』『一房の葡萄』などの作品を立て続けに発表。インテリ然として整った風貌も相まって一躍流行作家となった。

だが一方で、第一次大戦後の世の中で有産階級であ

POST CARD

料金受取人払郵便

小石川局承認

7741

差出有効期間
2025年
6月30日まで
(切手不要)

112-8790

127

東京都文京区千石4-39-17

株式会社　産業編集センター

出版部　行

★この度はご購読をありがとうございました。
お預かりした個人情報は、今後の本作りの参考にさせていただきます。
お客様の個人情報は法律で定められている場合を除き、ご本人の同意を得ず第三者に提供することはありません。また、個人情報管理の業務委託はいたしません。詳細につきましては、「個人情報問合せ窓口」(TEL：03-5395-5311〈平日 10:00 ～ 17:00〉)にお問い合わせいただくか「個人情報の取り扱いについて」(http://www.shc.co.jp/company/privacy/)をご確認ください。

※上記ご確認いただき、ご承諾いただける方は下記にご記入の上、ご送付ください。

株式会社 産業編集センター　個人情報保護管理者

氏名《ふりがな》

(男・女／　　　歳)

ご住所　〒

TEL：

E-mail：

新刊情報をDM・メールなどでご案内してもよろしいですか？	□可　□不可
ご感想を広告などに使用してもよろしいですか？	□実名で可　□匿名で可　□不可

ご購入ありがとうございました。ぜひご意見をお聞かせください。

■ お買い上げいただいた本のタイトル

ご購入日：　　　　年　　月　　日　　書店名：

■ 本書をどうやってお知りになりましたか？

☐ 書店で実物を見て
☐ 新聞・雑誌・ウェブサイト（媒体名　　　　　　　　　　）
☐ テレビ・ラジオ（番組名　　　　　　　　　　）
☐ その他（　　　　　　　　　　）

■ お買い求めの動機を教えてください（複数回答可）

☐ タイトル　☐ 著者　☐ 帯　☐ 装丁　☐ テーマ　☐ 内容　☐ 広告・書評
☐ その他（　　　　　　　　　　）

■ 本書へのご意見・ご感想をお聞かせください

■ よくご覧になる新聞、雑誌、ウェブサイト、テレビ、
よくお聞きになるラジオなどを教えてください

■ ご興味をお持ちのテーマや人物などを教えてください

ご記入ありがとうございました。

ることに苦悩し、大正十一年、北海道狩太（現ニセコ町）に所有していた有島農場を小作人たちに無償開放。翌年『婦人公論』の記者だった人妻の波多野秋子と出会うが、道ならぬ恋に苦しみ、同年、軽井沢で心中した。

旧邸は大正二年に建てた邸宅を当時の姿そのままに「札幌芸術の森」に移築復元したもので、十室の部屋を持つ洋風の家。武郎自ら設計した邸宅は随所にこだわりがあり、特に台所や食堂などに愛妻安子への細かい配慮が感じられる家である。

住所 札幌市南区芸術の森2-75
入館料 無料
開館時間 9:45〜17:00（6〜8月は17:30）
休館日 月曜日、冬季は休館

美《び》唄《ばい》（美唄市）

「日本一きれいな炭鉱住宅街」が残る石炭の町

空知地方のほぼ中心に位置する美唄は、かつて道内有数の石炭の産地として栄えた町である。地名の由来はアイヌ語の「ピパオイ」（烏（カラス）貝の多いところ、の意味）。歴史的には新しい町で、明治の初めまでは完全な原野で未開の地だった。

明治政府は北海道の開拓を推し進めるために急務だった道路建設のため、屯田兵や入植者を募集して労働に携わらせたが、美唄のような原始林に覆われた奥地を開発するには道路建設が急務であり、それにはかなりの労力と費用が必要だった。その解決方法として考え出されたのが、囚人たちを使うことだった。当時は明治政府に異を唱える政治犯や思想犯が大勢逮捕され、囚人が急増していたことから、彼らが次々に労働力として送られたのである。こうして原野に道路ができ鉄道が敷かれ、明治中期の美唄には屯田兵も約四百戸が入植した。

美唄で本格的に炭鉱が稼働したのは、大正に入ってからである。大正三年に石狩石炭という会社が開業した軽便鉄道を三菱が買収し、美唄鉄道が発足、そこから急速に炭鉱開発が進み始めた。同じ頃、田中汽船鉱業が開坑した炭鉱を三井が買収し、大資本による採炭業が本格化する。各炭鉱の周りには従業員たちの住宅が増えて大きな住宅街ができ、また炭鉱輸送のための鉄道も敷かれ、学校や役所なども充実していった。

特に三井美唄鉱山は、炭鉱のあった山奥から炭鉱施設や住宅、学校や商業施設などすべての拠点を現在の南美唄町に移転。昭和二十五年には戸数三千戸、人口は二万人を超えた。花畑や植栽を備えた立派な住宅が建ち並び、「日本一きれいな炭鉱住宅街（略して炭住）」といわれたそうである。

南美唄町の炭住は今もかなりの数が残っていて、現役の住居として使われている。多くは碁盤の目状に仕切られた敷地に、かまぼこ型の屋根を載せたこぢんまりとした木造平屋建てで、広い庭もついている。ちょっと見には特に炭住とはわからないが、特徴を把握した上で見ると、元炭住だとすぐわかる。道内の他の炭住は今ではもうほとんど見られないが、三井美唄の炭住は建物の造りがしっかりしていて、また中心市街地からも便利な場所にあったため、住民離れもなくこれまで使われてきたのだろう。

だが三井の炭鉱は、規模は大きかったが元々三菱に比べると採炭量が少なく、昭和中期の石炭産業の斜陽化が進む中、昭和三十八年、早期に閉山した。

一方、三菱の炭鉱は、最盛期には年間百八十万トンもの採炭量を誇ったが、三井の閉山より十年後の昭和四十七年に閉山。こちらは操業時、炭鉱のそばに人口三万人を超える大都市を形成していたが、市街地から離れていたため、閉山後は最終的に無人になり、現在は記念公園になっている。

　その炭鉱メモリアル森林公園には、大正十二年に建設された赤い竪坑《たてこう》巻揚《まきあげ》櫓《やぐら》が二基、並んで建っている。高さ二十メートルの櫓は、真下から見上げると実に巨大。すぐそばには、竪坑の施設や設備の電源を開閉していた竪坑開閉所も残っている。三菱炭鉱関連では、他にも、石炭輸送に使用されていた美唄鉄道の駅の一つ、東明駅が、唯一往時のままの姿で残されている。駅裏には、ここにしかない国鉄四一一〇形蒸気機関車と同形機の二号機関車が保存されていて、鉄道ファンにも人気だそうだ。

　三菱炭鉱では閉山後、ほとんどの人が美唄を離れて各地に移っていったが、そんな人たちの中にも、今でも華やかだった日々を忘れられず、当時の思い出の風景を求めて、わずかに残されたこれらの産業遺産を見に訪れる人は少なくないという。

三菱炭鉱の竪坑《たてこう》開閉所

三菱鉱業美唄鉄道で唯一残っている東明駅

ホームもそのまま残っている

東名駅の裏に展示してある蒸気機関車

「炭鉱メモリアル森林公園」
にある三菱炭鉱の立坑櫓《たてこうやぐら》。
高さは20メートルある

三井美唄炭鉱の炭鉱住宅。今も一般住居として使われている

親子2代で美唄町長、美唄市長を務めた桜井家の住宅。大正期の建築

桜井家の敷地内に展示されている美唄屯田兵屋。
明治26年、愛知から入植した屯田兵の兵屋を復
元したもので陸軍省標準型と言われる一般的な型

旧桜井家住宅
住所：美唄市大通西1条北2-2-1
電話：0126-62-3132
開館時間：10:00〜15:00
定休：水曜日・日曜日以外の曜日、
11/1〜4/30
料金：無料

★美唄への行き方
道央自動車道美唄ICより車で約5分
JR函館本線美唄駅より徒歩で約10分

びばい雪んこまつり（びばいゆきんこまつり）

北海道のほぼ中央に位置する美唄市で毎年雪の時期に開催される「びばい雪んこまつり」。道内ではさっぽろ雪まつりに次ぐ歴史を誇る。数年前から実施されているびばい雪あかりでは、市内の子どもたちが作成した「ころころキャンドル」ほか、多彩なキャンドルが幻想的な景観を作り出す。他にも、スノーモービル体験や雪中サバイバルゲームなど、さまざまなアクティビティを楽しむことができる。子どもたちに大人気の滑り台付き大雪像は、陸上自衛隊美唄駐屯地の協力で制作されているという。家族連れの笑顔が絶えないお祭りだ。

開催時期　毎年2月第1土日

開催場所　美唄市西2条南1丁目2（美唄市中央公園）

写真提供：美唄観光物産協会

道北・道東

増毛町《ましけちょう》（増毛郡）

ニシンで栄華を極めた歴史的建造物の町

札幌の北、車で約一時間半のところに増毛町という町がある。現在は人口三千五百人ほどの小さな町だが、江戸時代から昭和の半ばまで、ニシンの町として栄えた歴史をもつ。特に大正時代から昭和三十年頃まではニシンの水揚げ日本一を続け、町は隆盛を極めた。町中を歩けば、その繁栄の軌跡をいたるところに目にすることができる。

増毛駅を起点に歴史的町並みが続く「ふるさと歴史通り」を歩いてみよう。増毛駅は大正十年に開通し、ニシン漁の貨物輸送の始発駅、終着駅として町の繁栄を支えた。平成二十八年に惜しまれつつも廃線となってしまったが、駅舎は当時のままに今も残っている。

駅を出てすぐに目につくのが、旧富田屋旅館の建物だ。昭和八年に建てられたもので、昭和五十年代前半まで営業していた。その隣には、風待食堂と看板が掲げられた家屋が残る。大正二年に創業された多田商店という雑貨店の建物で、現在は観光案内所として使われている。

さらに歩を進めれば、東西に伸びる大通りに出る。その通り沿いに、重厚な佇まいの歴史的建造物が次々と姿を現す。明治八年に呉服業を開業し、その後、ニシン漁の網元、海運業、酒造業と幅広く事業を展開し、増毛の豪商と呼ばれた本間家の建物。同家が創業した国稀《くにまれ》酒造の酒蔵、ニシン粕の保管等に使用されたといわれる築百年以上の千石蔵など、古く味わい深い建物が随所に残っている。

また、町を少し離れた高台には、旧増毛小学校の建物がほぼ当時の姿を残している。現存する木造校舎として道内最大規模で、平成二十四年まで七十五年にわたって子どもたちの学び舎となってきた。

増毛の町を歩いていると、よくぞこれだけの歴史的建物が残っていたと驚く。それほど広くはない町をゆっくりと巡り歩けば、ニシン漁で町に活気があふれ、多くの商人が行き交う往時の町の残像が心に浮かんでくるようだ。

ちなみに増毛の由来は、ニシンの群れが来ると海一面にかもめが飛ぶことから、アイヌ語で「かもめの多いところ」という意味の「マシュキニ」または「マシュケ」が転じたものといわれている。

今ではかつてほどの漁獲量はないが、それでも鮭、カレイ、エビ、イカ、タコ、ホタテなど、豊富な海産物が水揚げされ、増毛の町を支えている。

観光案内所として使用されている旧多田商店の建物

旧増毛駅の駅舎は地元の銘品を扱うおみやげ屋になっている

廃線当時のままに残る増毛駅の待合室

木造三階建ての旧富田屋旅館。
残念ながら中は見学できない

明治15年に創業された最北の
酒蔵、国稀酒造の建物群

昭和7年築の建物を改装した旅館「ぼちぼちいこか増毛館」

当時のままに残る國稀
酒造の蔵、千石蔵

増毛港へと続く通り

現在も豊富な漁獲量を誇る増毛港

町の高台に残る旧増毛小学校校舎

旧商家丸一本間家

住所：増毛郡増毛町弁天町1
電話：0164-53-1511
営業時間：10:00～17:00（4/25～11/3）
定休：木曜日（木曜日が祝日の場合は前日）、7月・8月は無休
料金：大人400円、高校生300円、小中学生200円、団体割引（10名以上）100円引き

★増毛への行き方
深川・留萌自動車道留萌ICより車で約30分

おすすめランチ

●エビフライカレー

増毛の海を見下ろす高台にあるログハウス風の喫茶店、ポルク。自家焙煎のコーヒーが自慢のお店だ。港町らしいメニューのシーフードカレーもおすすめだが、ビジュアルのインパクトに負けない美味しさのエビフライカレーも一度味わっていただきたい。

「喫茶ポルク」
増毛町見晴町1058-11

音威子府《おといねっぷ》（中川郡音威子府村）

可憐なそばの花と星が美しい小さな村

北海道のほぼ中央に位置し、南北に長く広がる上川《かみかわ》地方。山に囲まれた内陸地のために夏と冬の寒暖差が大きく、特に冬の最低気温は日本一を記録したこともある。この上川地方の北端、旭川と稚内のちょうど中間あたりにあるのが音威子府村である。初見でこの地名を正確に読める人はほとんどいないかもしれない。地名はアイヌ語で「標木の堆積する川口、濁りたる泥川」といった意味をもつ「オ・トイネ・プ」が由来となっている。

北海道で一番小さい村であり、現在人口は約六百人。村のほとんどが森林となっていて豊かな自然に囲まれている。大正元年に宗谷本線が開通し、音威子府駅はＪＲ天北《てんぽく》線との分岐の駅として栄え、村も鉄道宿場町としてにぎわいをみせた。最盛期には四千人ほどの人口を抱えていたという。だが、鉄道路線の廃止などによって人口が減少、今は往時の面影はほとんど残っておらず、村はだいぶ過疎化がすすんでいる。

しかし、その分、豊かな自然は今もなおこの村の宝として人々の暮らしを支えている。たとえば、咲来《さっくる》駅から天塩川《てしおがわ》温泉駅の間に広がるそば畑。七月の下旬から八月の中旬にかけて、広大な畑に白いそばの花が咲き誇る。実は、音威子府そばは、全国のそば通の間では知られたそばで、かつて音威子府駅の構内の店で出されていたそのそばを求めて、全国から多くのそばファンがやってきたといわれている。いまは、この村で同じそばを食することは難しくなったが、「匠そば」というブランド名でなまそばが販売されているとのことだ。

また、音威子府は、「北海道」という地名が命名された場所としても知られている。幕末の探検家松浦武四郎が天塩川を調査した際、この地でアイヌの古老から現在の北海道の名称の発想のもととなる話を聞いたとされており、天塩川のほとりには、「北海道命名之地」という碑が建てられている。

そば畑を見学した後、この碑を見に行った。近くを流れる天塩川のせせらぎが聞こえてくるほど静かな場所。ふと空を見上げれば、天然記念物のオジロワシが悠々と空を舞っている。もし時間に余裕があるのなら、そのまま夜になるのを待ってもいいかもしれない。天塩川河川敷から夜空を見上げれば、数え切れないほどの星が輝き出す。都会では決して見ることができない風景を、この音威子府村なら簡単に見ることができるだろう。

白い花が咲き誇るそば畑

JR北海道の宗谷本線を走る列車。音威子府はかつて鉄道輸送の重要拠点だった

天塩川。「簗のような岩が多い川」の意味を表すアイヌ語の「テッシ・オ・ペッ」が川の名の由来

村の総面積の約86%
を森林が占める

天塩川沿岸にある「北海道命名之地」の碑

★音威子府への行き方

名寄美深道路美深北ICより車で約30分
JR宗谷本線音威子府駅より徒歩で約10分

おすすめランチ

●そば&ホタテごはんセット

地元咲来産のそば粉、キタワセソバを使ったそばが食べられる食堂。丼ものとのセットが人気で、写真はホタテごはんとそばのセットだ。お土産には毎朝お店で作られる「北海道命名の地羊羹」がおすすめ。

「お食事処咲来」
音威子府村咲来393-2

神居古潭《かむいこたん》コラム

神が住まう美しい景勝地

旭川を代表する景勝地として知られる神居古潭。上川盆地と石狩平野のちょうど境目にある峡谷で、流れる石狩川の両岸は岩肌で覆われ、奇岩や怪石が約十キロ続くという特異な地形をしている。川幅が急に狭くなるため、川を行き交う舟の転覆事故が何度も起こり、アイヌの人々は峡谷に住む魔神の仕業と恐れた。そう、この峡谷はアイヌ語で「カムイ（神）コタン（集落）」と呼ばれ、「神のいる場所」として神聖視されていた場所なのである。川岸には、アイヌ人の伝説にも登場する奇岩やおう穴群を目にすることができる。

ふだんは静けさに包まれている渓谷だが、休日ともなればたくさんの観光客が訪れ、川にかかる神居大橋は多くの人で混み合う。神聖な場所とは思えぬほどの嬌声が谷に響き渡る。

橋を渡った対岸には、昭和四十四年に閉舎となった国鉄函館本線「神居古潭駅」の駅舎が残され、近くには蒸気機関車が三両ほど展示してある。これを目当てに鉄道ファンも各地から足を運ぶようだ。

四季を通じて、いつでも神秘的な景観を見せてくれる神居古潭だが、なかでも秋の景色がすばらしい。峡谷一帯が紅葉に彩られ、ナナカマド、ミズナラ、カエデなどが色鮮やかに輝き出す。石狩川の深い緑との絶妙なコントラストを楽しみながら、輝く川面の光の中で、アイヌの世界に思いを馳せるのもいいかもしれない。

奇岩の間を流れる石狩川

写真左上／JR函館本線「神居古潭駅」の駅舎
左下／近くに展示されている蒸気機関車

著名人の旧宅を訪ねて

三浦綾子旧宅
昭和三十年代の自宅を再現

大正十一年に北海道旭川市で生まれた三浦綾子。昭和三十六年に『太陽は再び没せず』で作家デビューし、クリスチャンとしての信仰に根ざした作品を数多く発表した。なかでも、朝日新聞社の懸賞小説で入選した『氷点』は大ベストセラーとなり、作家・三浦綾子の名を全国に知らしめた。結核や直腸ガン、パーキンソン病などを患い、幾多の困難を乗り越えながら旺盛な創作活動を続けていたが、平成十一年にその一生を閉じた。

彼女が長らく住んでいた自宅の書斎などは、同じ旭川にある三浦綾子記念文学館に移築された。同時に、昭和三十年から昭和四十六年まで暮らしていた旧宅の一部は、和寒町の塩狩峠記念館に移され、当時の旧宅が復元されて保存されている。この記念館は、同氏の作品『塩狩峠』で描かれたJR宗谷線本線「塩狩峠駅」のそばにあり、深い木立が生い茂る中に静かに佇んでいる。

住所 上川郡和寒町塩狩
TEL 0165-32-4088

ノスタルジック商店街

旭川銀座商店街（旭川市宮下通5条通14〜15）

赤い鳥居が目印の温かみのある商店街

旭川市内の中心部にある、赤い鳥居が目印の銀座商店街。明治時代から続く歴史ある商店街だ。昭和の趣を残す百貨店をはじめ、通りの両側には八百屋や呉服店、飲食店などレトロな店が立ち並ぶ。コンビニやショッピングモールに押されて勢いが下火になった時期もあったが、現在はカフェや雑貨店などこだわりの店も出店しており、新旧の魅力が融合しはじめている。また、地域を盛り上げるために「弁天まつり」「銀座七夕まつり」などが企画され、かつてのにぎわいを取り戻しつつある。

芽《め》室《むろ》町《ちょう》（河西郡芽室町）

広大な畑が広がる〝十勝晴れ〟の町

北海道の十勝地方は、全国でも有数の日照時間を誇る。一年を通じて晴れの日が多いのだが、なかでも秋から冬にかけて特に爽快な晴天が続くことがあり、地元の人々はそれを「十勝晴れ」と呼んでいる。十勝平野の真ん中にあり、十勝晴れに恵まれた町が芽室町である。

帯広市から比較的近いので、ベットタウンとしても発展してきているが、芽室町の名を広く知らしめているのがその農産物と生産量。スイートコーンは作付け面積、収穫量ともに日本一、ごぼうは北海道一、その他、小麦、じゃがいも、甜菜、豆など、どれも道内トップクラスの生産量を誇っている。夏は三〇度以上、冬は氷点下二〇度以下になる寒暖差、十勝川、芽室川、美生川がつくりだした肥沃で平坦な大地。それらの自然の恵みによって芽室町は一大農業王国になっているのである。一戸の農家が作付けする面積は平均約三十八ヘクタールで、東京ドーム七個分の広さというのだから驚きだ。

当然のことながら、芽室町の至るところに広大な畑が広がっている。それらが四季折々の色に染まると、町は得も言われぬほどの美しさに包まれることになる。

道路の両側に、果てしなく広がる緑の畑。独特の長い防風林に守られ、時折やわらかく吹き抜ける風が畑を揺らす。できたばかりの麦稈《ばっかん》ロールが無造作に畑に置かれている。

歩いても歩いても、続く緑の田畑の風景。これが収穫の時期になるとまったく色を変えて、また違う景色を見せてくれるのだろう。北海道の十勝平野ならではの風景に触れることができる町、芽室町。十勝晴れの日に、足を運んでみてはいかがだろうか。

見渡す限り広がるとうもろこし畑

ふるさと歴史館 ねんりん
住所：河西郡芽室町美生2線38-15
電話：0155-61-5454
開館時間：9:30〜16:30
定休：火曜日・水曜日、12/30〜1/6
料金：無料

★芽室への行き方
道東自動車道芽室ICより車で約10分
JR根室本線芽室駅より徒歩で約5分

名画名作の舞台を訪ねて

『鉄道員《ぽっぽや》』（南富良野町）

小説　浅田次郎 著（一九九七年）
映画　降旗康男 監督（一九九九年）

仕事一筋の男が最後に見た幸せの幻想

幼い娘や妻を亡くした日も、北の果ての終着駅に立ち続けた鉄道員の人生を描いた映画「鉄道員（ぽっぽや）」。主人公である鉄道員の乙松は、家庭を顧みずに仕事に生き、定年退職を目前にしても官舎を追い出された後の住まいさえ決めようとしない。そんな乙松の前に、死んだはずの娘が成長した姿で現れる。これは夢か現か――雪がしんしん降り積もる中、駅のホームに倒れている乙松がいた……。主演の高倉健の抑揚を抑えた芝居が光る作品で、デビュー間もない広末涼子が娘役で登場している。第二十三回日本アカデミー賞の最優秀作品賞を受賞した作品だ。

　この映画の重要な舞台となる「幌舞駅」は、廃線が

映画で「幌舞駅」として
使用された「幾寅駅」。

決まったローカル線の駅という設定で、当然のことながら架空の駅である。撮影時には、南富良野町に実在するJR根室本線の「幾寅駅」がロケ地として使われた。駅舎内外には撮影時のセットも展示されており、映画が封切られて三十年近くになるというのに、今でも映画ファンや鉄道ファンが訪れている。

セットとして使われた列車車両が展示されている。

主演の高倉健が身につけていた衣装。

劇中、地元の者たちがよく集っていた「だるま食堂」。

鶴居村《つるい》（阿寒町鶴居村）

釧路湿原に抱かれたタンチョウの里

北海道東部、釧路市街から車で約四十分のところに広がる釧路湿原。広さ二万五千ヘクタール以上ある日本最大級の湿原である。約三千年前にできたといわれており、戦前から自然保護区域として守られ、今も手つかずの自然がそのまま残っている。湿地の生態系を守るべく制定されたラムサール条約に一九八〇年に登録されるなど、未来に残すべき場所として保護されている。

そんな釧路湿原に囲まれた小さな村が鶴居村である。大正時代に入植者が開拓した村で、古くからタンチョウの里として知られていた。村名の由来もタンチョウで、昭和十二年に舌辛村《したからむら》（現阿寒町）から分村する際に、タンチョウが多く生息することから、鶴が居る村、鶴居村と称するようになった。

タンチョウは、アイヌの人々からはサルルンカムイ（湿原の神様）と呼ばれ敬われていたが、明治末期に絶滅してしまったと思われていた。ところが、大正十三年に釧路湿原に二十数羽生息しているのが確認される。そこから地元の人々の保護が始まり、地道な活動によってタンチョウの数も徐々に増え、昭和十年には国の特別天然記念物に指定されるほどになった。ある意味、鶴居村の歴史はタンチョウの保護の歴史といってもいいかもしれない。毎年十一月下旬になれば、村の給餌場などで飛来してきたタンチョウを見ることができる。多い時で二〇〇羽ほどのタンチョウがやってくる。

鶴居村を訪ねたらぜひ足を運んでほしいのが、鶴見台という給餌場と、雪裡川《せつりかわ》にかかる音羽橋のあたりである。タンチョウが餌を食む姿や川の中で夜を過ごす幻想的な姿を見ることができるだろう。

そして、タンチョウの姿を楽しんだあとは、ぜひとも釧路湿原の雄大な自然に触れてほしい。鶴居村の温根内《おんねない》というところにビジターセンターがあり、そこに湿原内に入ることができる全長三キロほどの木道があるのだ。

実際に歩いてみる。すぐに左手にハンノキ林が見えてきた。少し歩を進めるとヨシ・スゲが群生する湿地帯が広がった。現代的な建物や構造物がいっさい目に入らない。そのまま緑に覆われた木道を歩き続けていると、はるか昔の北海道の原野を歩いているような気になってくる。

タンチョウと釧路湿原。北海道でしか見ることのできない風景を守り伝えていくことが、鶴居村のこれからも変わらぬ役割なのかもしれない。

冬になるとタンチョウヅルが水辺に集まってくる雪裡川

鶴居村でもっともタンチョウヅルを
近くで見ることができる鶴見台

どこまでも続く釧路湿原の風景

釧路湿原内に設けられた木道

釧路湿原国立公園の西側に位置する温根内ビジターセンター

温根内ビジターセンター
住所：阿寒郡鶴居村温根内
電話：0154-65-2323
開館時間：9:00～17:00（4月～10月）、
9:00～16:00（11月～3月）
定休：火曜日、12/29～1/3
料金：無料

★鶴居村への行き方
道東自動車道釧路空港ICより車で約30分

おすすめランチ

●三恵トンテキ定食
地元の食材をふんだんに使い、カツやソテーが人気の食堂、大和。リピーター続出のトンテキは、地元鶴居のブランド豚「三恵豚」を使った一品。厚切りで食べ応えも十分、肉本来の旨みと脂の甘みを堪能できる。

「食堂大和」
阿寒郡鶴居村幌呂西4-22-4

わが町自慢の
市場食堂

釧路和《わ》商《しょう》市場

（釧路市黒金町13-25）

元祖・勝手丼が人気のレトロな海鮮市場

釧路で最も歴史のある市場、和商市場。その名は、「和して商う」からとも、「わっしょいわっしょい」の掛け声からつけられたとも伝わる。いずれにしても活気が感じられるエピソードだ。現在でもその活気は続いており、市民からも観光客からも愛される場所として健在だ。

特に観光客から人気なのが、勝手丼。市場内でご飯（丼）を購入し、同じく市場内の鮮魚店で新鮮な魚介を購入、自分好みのオリジナル海鮮丼をつくる仕組みだ。今では同じようなサービスが全国各地の市場で見られるが、この和商市場の勝手丼が元祖だといわれている。

営業時間
8:00〜17:00
日曜定休

アイヌ三大祭（あいぬさんだいまつり）

北海道、樺太、千島列島などの先住民族であるアイヌの文化を継承する意味も込めて、毎年白糠で行われている行事を総称して「アイヌ三大祭」という。三つとは八月の「ふるさと祭イチャルパ」、九月の「フンペ（鯨）祭イチャルパ」、十一月の「ししゃも祭」のことで、それぞれの祭りの中で、火の神への祈り、御幣への祈り、先祖供養、奉納舞踊、供養祭会食などが行われている。北海道のルーツの文化に触れることができる貴重な祭りだ。

祭り当日は町民のみならず、多くの人が参加し盛大に行われる。

写真提供：白糠町

開催時期
毎年8月、9月、11月

開催場所
白糠郡白糠町東3条北1丁目2-27

湧《ゆう》別《べつ》町《ちょう》（紋別郡）

開拓時代の風景が今も残るオホーツクの町

北海道の北東部、オホーツク紋別空港から車で約三十分のところに湧別町がある。オホーツク海に流れ込む湧別川の下流に位置し、東側には日本三大湖の一つであるサロマ湖を抱えた、豊かな自然と肥沃な大地を誇る町である。地名は、アイヌ語で「鮫の住む川」という意味の「ユペ（鮫）オツ（川）」が由来。湧別川河口から近海にかけて、チョウザメが多く生息していたからだといわれている。

湧別町の歴史は、屯田兵の入植によって始まる。北海道の開拓と防備という役割を担う屯田兵制度が始まったのは明治七年、札幌郡の琴似村に二百戸が入植したのが最初だ。その後、制度が廃止される明治三十七年まで、北海道には七千三百戸余り、約四万人の人々が入植し、三十七の兵村がつくられた。上川地方との交通の要衝である地の利の良さと肥沃な土地に恵まれていた湧別の町もその対象となり、明治三十年から屯田兵による開拓が始まった。

湧別の街中を通る国道二四二号線を車で走ると、東側に広大な農地が見えてくる。

整然と区割りされていることが遠くからでもわかる。畑の間を縫うように、細い道路が規則正しく作られている。実は、この区割りは、屯田兵時代のままだというから驚きだ。特に北兵村《きたへいそん》地区、南兵村地区には旧兵村の配置がほとんど当時のままに残っている。

さらに国道二四二号を北上していくと、右手に大きな建物が見えてきた。北兵村にある「ふるさと館ＪＲＹ」という施設だった。湧別屯田に関する重要な資料や開拓当時の道具などが展示されており、開拓時代のままの姿で移築された当時の家屋は一見の価値ありだ。北海道の原野を強い意志と忍耐力で開拓していった先人の姿に圧倒される。

建物を出て少し歩いてみると、周囲は見渡すかぎり緑の絨毯が広がっている。その中に点在する煉瓦造りの家。かつてこの地域ではレンガ造りが盛んに行われていたそうだ。青い空と畑の緑とレンガの赤、湧別ならではのこの独特な風景を見ながらゆっくりと歩けば、いつの間にか開拓時代のこの町の風景に思いは巡る。

今、湧別町の人口は約八千人。わずかな人数の入植者から始まった町の歴史は、これからも長く続いていく。

湧別町の主産業である農業を支える広大な農地

上／国道242号沿いの古い建物群　下／オホーツク海を漁場とする湧別漁港

湧別町では酪農も盛んに行われている

ふるさと館JRY
住所：紋別郡湧別町北兵村一区588番地
電話：01586-2-3000
開館時間：9:00～16:00
定休：月曜日（祝日の場合は開館）、12/30～1/4
料金：大人400円（団体320円）、高校生250円（団体200円）、小中学生200円（団体160円）、町民無料

★湧別への行き方
旭川紋別自動車道遠軽瀬戸瀬ICより車で約30分

おすすめランチ

●帆立づくし重

会席料理から日替わり定食、カレーやラーメンまで提供して地元に愛される料理店、江戸っ子。特に北海道の海鮮を使った料理が人気。「帆立づくし重」はほたての刺身とフライ、天ぷらが一度に食べ比べできる嬉しいメニューだ。

「御料理江戸っ子」
紋別郡湧別町中湧別中町490

浜松《はままつ》（根室市浜松）

昆布干しの風景が壮観な海沿いの漁村集落

根室半島の付け根から海に突き出している落石岬《おちいしみさき》。その岬の北側に数キロメートルにわたって続く弓なりの浜がある。浜松海岸と呼ばれている景勝地で、根室十景の一つに選ばれている。道道一四二号を車で北上すれば、右側の車窓から美しい海岸風景を眺めることができる。

浜松は、この海岸沖を漁場とした昆布漁を中心に、古くから漁村として栄えた。静岡県の浜松からの入植者がいるわけではなく、集落の前が浜で後ろが松の木で覆われていたことから、この地名になった。

浜松地区でつくられている昆布は長昆布《ながこんぶ》という種類。旨味が少ないので出汁をとるのには向いていないが、煮るとやわらかくなるので昆布巻きなどに使われている。長さは約十五メートル。収穫された昆布は、小石を敷き詰めた干場で干す。かつては砂浜の上に干していたが、出荷する際に砂が付いていると値が下がるため、小石の上に干すことになったという。

収穫は七月の半ばごろから始まり、天気の良い日であれば、道路沿いにつくられた干場に、昆布が敷き詰められている光景を目にすることができる。たくさんの昆布が、まるで川に揺れる染物のように広がる風景は、ここ浜松の夏の風物詩となっている。干場近くの小屋の中では、地元の漁師が干し上がった昆布を丁寧に束ねていた。

浜松の集落は、海岸に沿うように家々が長く続いている。二十数世帯で人口も百人未満、本当に小さな集落だ。点在する家々はどれも古く、屋根の錆色や朽ちた壁板が目立つ。そんな集落の中を歩き、鄙びた風景をしばらく目にしていると、なぜかなつかしい気持ちになってくる。かつて日本の海沿いの各地にあった小さな漁村の姿が重なってくる。

集落の真ん中に、浜松八幡神社という神社があった。明治三十年代に創建された神社で、昭和四十八年にこの地を襲った激しい暴風雨は集落に大きな被害をもたらしたのだが、奇跡的に住民に被害はなく、神社の御神体も壊れることはなかったという。その後、現在ある場所に移築され、今もなおこの地域の守り神として、浜松海岸を見守り続けている。

弓なりの砂浜が続く浜松海岸

干場で干される昆布は浜松の夏の風物詩

集落のほぼ真ん中にある浜松八幡神社

★浜松への行き方

道東自動車道釧路別保ICより車で約100分
JR根室本線落石駅より徒歩で約10分

羅臼《らうす》（目梨郡羅臼町）

知床の大自然とともに歴史を刻む昆布の町

日本料理に欠かせない食材として日本人の食生活を彩ってきた昆布。北海道はその昆布の一大生産地であり、生産量は日本全体の九割以上を占めている。

昆布が全国に広まったのは江戸時代の北前船によるところが大きい。北海道から関西方面へ運ばれた昆布が評判となり、そこから昆布の人気は全国に広がっていった。昆布は各地で重宝され、次第に昆布なら北海道と認知されるようになる。中でも、特に味の良い昆布は三大高級昆布と呼ばれるようになった。一つは、利尻島の利尻昆布、もう一つは道南で穫れる真昆布《まこんぶ》、そして真昆布と並ぶ最高級品とされている羅臼昆布である。

昆布の町、羅臼は日本の北東端、オホーツク海に突き出た知床半島の東海岸にある。半島の背には知床連山と呼ばれる山々が連なり、その山々の西が斜里町で東が羅臼町になっている。周囲を森、川、海に囲まれ、豊かで手つかずの自然が残るエリアであり、羅臼を含む知床半島全体は、平成十七年には世界自然遺産に登録されている。羅臼という地名は、アイヌ語の「ラウシ」（獣の骨のある所、の意）から転化したもの。かつてこのあたり一帯がアイヌの狩猟地だったためらしい。

羅臼は漁業の町である。羅臼漁港を中心に町は成り立っている。冬から春にかけてはタラ、ウニ。夏はトキシラズ、昆布、ボタンエビとさまざまな海産物を楽しむことができる。また羅臼港はネイチャーウォッチングの発着点となっており、春から夏にかけてはシャチ、イルカ、クジラウォッチング。秋口まではヒグマを見るクルーズ、冬はトドや鷲の神カパッチリカムイを見るツアー。さらに一月下旬ごろからは、オホーツク海に打ち寄せる流氷を見るクルーズもある。羅臼は、オホーツクの海がもたらすさまざまな恩恵を受けている町なのである。

港の埠頭に立ち、ふと海に目を向ければ、遠くに島影が見える。北方四島の一つである国後島《くなしりとう》だ。根室海峡を挟んで二十五キロほどしか離れていない。町のランドマークともいえる道の駅からは、その島をはっきり見ることができる。日本の最北の地にいることを実感させられる瞬間だ。

「望郷の森」展望台から見た羅臼町中心部の風景

羅臼漁港

羅臼町の中心街

民家の前にはときに
野生の鹿が現れる

対岸に見える島影は北方四島の一つである国後島

道の駅 知床・らうす
住所：目梨郡羅臼町本町361-1
電話：0153-87-5151
営業時間：9:00～17:00（4月～10月）、10:00～16:00（11月～3月）
定休：深層館：火曜日（11月～4月）、海鮮工房：日曜日（11月～4月）、年末年始
料金：無料

おすすめランチ

●黒ハモ丼

知床の海鮮を使った多彩なメニューを取り揃える知床食堂では、知る人ぞ知る知床羅臼の特産品、黒ハモが味わえる。黒ハモとは、イラコアナゴという深海魚の別名。脂がのっており、蒲焼が絶品だ。知床旅行の思い出にぜひ一度味わってみてほしい。

「**知床食堂**」
目梨郡羅臼町本町361-1

ふるさと再発見の旅　北海道

2025年4月15日 第1刷発行

撮影　清永安雄
原稿　志摩千歳（道南・道央）
　　　佐々木勇志（道北・道東）
編集　及川健智
地図作成　山本祥子
デザイン　松田行正・杉本聖士（マツダオフィス）

発行　株式会社産業編集センター
〒112-0011
東京都文京区千石四丁目39番17号
TEL 03-5395-6133　FAX 03-5395-5320
https://book.shc.co.jp

印刷・製本　株式会社シナノパブリッシングプレス

ISBN978-4-86311-442-5 C0026
Printed in Japan